Aldidente mini

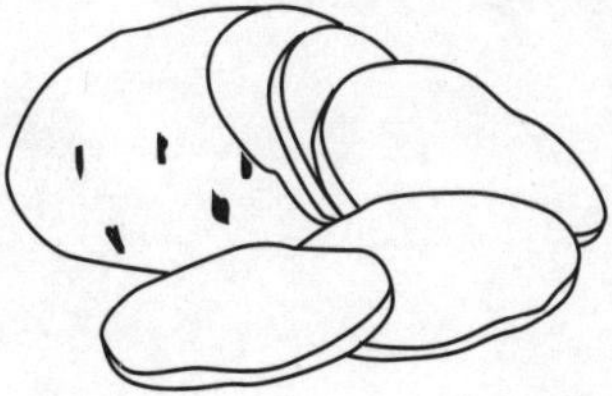

Aldidente mini

Die 55 besten Rezepte
Aufläufe

Zusammengestellt von Gabriele Rescher

Eichborn.

Die Deutsche Bibliothek - CIP-Einheitsaufnahme
Rescher, Gabriele:
Aldidente mini Aufläufe: die 55 besten Rezepte / Gabriele Rescher. -
Frankfurt am Main: Eichborn, 2002
ISBN 3-8218-3750-0

Umschlagillustration: Uschi Heusel
Lektorat: Oliver Thomas Domzalski
Satz und Layout: Christiane Hahn
Druck und Bindung: Legoprint, Italien
ISBN 3-8218-3750-0

Verlagsverzeichnis schickt gern:
Eichborn Verlag, Kaiserstraße 66, D-60329 Frankfurt am Main
www.eichborn.de

Inhaltsverzeichnis

Vegetarische Aufläufe

Süße Aufläufe

Alle Rezepte sind für 4 Portionen gedacht.

1. *Kohlrabi-Gratin mit Speck*

- **3 - 4 Kohlrabi**
- **100 g feingewürfelter Speck**
- **100 ml Sahne**
- **50 ml Schmand**
- **1 Ei**
- **etwas Zitronensaft**
- **Salz, Pfeffer**
- **1/2 TL getrockneter Thymian**
- **1/2 TL feingehackte Petersilie**
- **125 g Käse zum Überbacken**
- **etwas Butter zum Einfetten**

Kohlrabi schälen und in feine Scheiben schneiden. Ein Liter Wasser mit einem 1/2 TL Salz zum Kochen bringen und darin die Kohlrabischeiben höchstens 10 - 12 Minuten bißfest kochen.

Inzwischen Sahne, Schmand und das Ei gut verquirlen und mit den Gewürzen und Kräutern abschmecken. Zum Schluß noch einen Schuß Zitronensaft zugeben.

Den Kohlrabi gut abtropfen lassen und in eine gefettete Auflaufform geben. Mit dem Speck garnieren. Die Sauce darübergeben und alles mit viel Käse bedecken.

((Backofen)) 200°C

((Uhr)): 10 Minuten

2. Auberginen-Auflauf „Costa Brava"

- 4 Auberginen
- 250 g Hackfleisch
- 1 eingeweichtes Brötchen
- 4 Eier
- 1 Zwiebel
- 1 Dose geschälte Tomaten (400 g)
- 1/8 l Milch
- 100 g geriebener Käse
- Olivenöl
- Salz, Pfeffer, Oregano

Auberginen schälen, in 1 cm dicke Scheiben schneiden, auf Küchenpapier legen und eingesalzen (verlieren so die Flüssigkeit!) eine Stunde liegenlassen. In Olivenöl kurz anbraten und in eine gefettete Form geben. Das Hackfleisch mit Salz, Pfeffer, der kleingeschnittenen Zwiebel, einem Ei, der Milch und dem ausgedrückten Brötchen gut vermischen, nach Geschmack würzen und über die Auberginen geben. Die Tomaten gut abtropfen lassen und über das Hackfleisch verteilen. Die restlichen Eier mit den Gewürzen verquirlen und über den Auflauf gießen. Zum Schluß den Käse verteilen.

((Backofen)) 200°C
((Uhr)): 45-50 Minuten

3. *Blumenkohl-Hackfleisch-Auflauf*

- 1 Blumenkohl
- 6 mittlere Kartoffeln
- 500 g Hackfleisch

FÜR DIE SAUCE:

- 30 g Butter
- 1/8 l Sahne
- 2 EL Mehl
- Salz

Den Blumenkohl waschen, in Röschen teilen und in Salzwasser garen. ***Achtung:*** Das Blumenkohlwasser nicht weggießen, sondern unbedingt aufbewahren! Die Kartoffeln waschen, kochen, pellen und in dünne Streifen schneiden.

Für die Sauce 30 g Butter erhitzen, das Mehl darin anschwitzen und mit etwas abgekühltem Blumenkohlwasser und der Sahne glattrühren.

Kartoffeln, Mett und Blumenkohl abwechselnd schichtweise in eine gefettete Form geben und die Sauce zuletzt darüber verteilen.

((Backofen)) 200°C

((Uhr)): ca. 45 Minuten

4. *Chicorée-Auflauf mit Parmaschinken*

- **250 g Parmaschinken oder anderer luftgetrockneter Schinken (gewürfelt)**
- **8 Chicoréeköpfe**
- **8 Backpflaumen**
- **300 ml Sahne**
- **200 g geriebener Käse**
- **40 g Butter**
- **eine Zitrone**
- **2 EL Senf**
- **Salz, Pfeffer**
- **etwas Muskat**

In einer Pfanne die Schinkenwürfel ohne Fettzugabe knusprig anbraten. Chicorée putzen, der Länge nach halbieren und den Strunk herausschneiden. Butter in der Pfanne zerlaufen lassen und darin den mit Zitronensaft beträufelten Chicorée von beiden Seiten bräunen. Darauf achten, daß der Kohl nicht zerfällt. In eine gefettete Form den Chicorée legen, mit den angebratenen Schinkenwürfeln bestreuen. Die Backpflaumen stark zerkleinern und mit 150 g geriebenem Käse, Senf und Sahne mischen, mit Salz, Pfeffer und Muskat würzen und über den Chicorée geben. Den restlichen Käse über den Auflauf geben.

((Backofen)) 200°C (Die letzten 10 Minuten etwas mehr)
((Uhr)): 30-35 Minuten

5. *Überbackener Fleischtopf*

- 250 g mageres Schweinefleisch
- 100 g geräucherte Wurst
- 100 g durchwachsener Speck
- 1 große Zwiebel
- 1 Knoblauchzehe
- 100 g Reis
- 500 g Sauerkraut
- 1/4 l Sahne
- 1 TL Kümmel
- 1 TL Tomatenmark
- Salz, Pfeffer, Paprika

Reis in Salzwasser kochen und gut abtropfen lassen. Das Fleisch und die Wurst in dünne Scheiben, Speck und Zwiebel in Würfel schneiden. Den Speck mit den Zwiebelwürfeln und dem ausgedrückten Knoblauch anbraten, dann Wurst und Fleisch dazugeben und kurz rösten. In eine gefettete Form schichtweise den Reis, das Sauerkraut und die Fleisch-Speck-Wurst-Mischung geben und mit dem Reis abschließen. Sahne, Paprika, Kümmel, Tomatenmark, Salz und Pfeffer verquirlen und über den Auflauf geben.

((Backofen)) 200°C

((Uhr)): 40 Minuten

6. *Überbackener Chinakohl*

- **1 Chinakohl**
- **250 g Schnitzelfleisch**
- **50 g Speck**
- **1/4 L Joghurt**
- **1/8 L Milch**
- **2 EL Butter**
- **1 TL Mehl**
- **150 g geriebener Käse**
- **Salz, Pfeffer**
- **Ingwerpulver**

Speck würfeln und in einem EL Butter ausbraten. Kohl putzen, kleinschneiden und im Speckfett unter Wenden ca. 10 Minuten dünsten. In einer anderen Pfanne das in kleine Streifen geschnittene Schnitzelfleisch in Butter anbraten. Etwas salzen und pfeffern. Milch, Joghurt, Mehl und Ingwer vermischen, über die Schnitzelstreifen gießen und mit wenig Hitze gar schmoren lassen. In eine gefettete Form den Kohl geben, das Fleisch mit dem Sud über den Kohl verteilen und mit Käse bestreuen.

((Backofen)) 180°C

((Uhr)): 10 Minuten

7. *Broccoli-Kartoffel-Auflauf mit Kasseler*

- **500 g kleine, festkochende Kartoffeln**
- **2 Broccoli**
- **500 g Kasseler**
- **100 ml Sahne**
- **100 ml Kräuterschmand**
- **1/4 l Milch**
- **200 g geriebener Käse**
- **2 EL scharfer Senf**
- **1 EL gehackte Petersilie**
- **1 TL getrockneter Thymian**
- **Salz, Pfeffer, Muskat**

Kartoffeln waschen, mit Schale in Salzwasser kochen, noch warm pellen und in Scheiben schneiden. Den Broccoli in Röschen teilen, kurz waschen, in Salzwasser 5 Minuten kochen und gut abtropfen lassen. Kasseler in kleine Stücke schneiden. Kartoffelscheiben, Broccoliröschen und Kasselerstücke in eine gefettete Form geben und mit Salz, Pfeffer und Muskat vorsichtig würzen. Sahne, Schmand, Milch und Käse verquirlen, mit Senf, Petersilie und Thymian würzen und über die Form gießen.

((Backofen)) 180-200°C
((Uhr)): 45 Minuten

8. *Wirsing-Auflauf mit Lammhackfleisch*

- 1 kg Wirsing
- 500 g Lammhackfleisch oder Hackfleisch halb und halb
- 250 g Räucherbauch oder Speck in dünnen Scheiben
- ein eingeweichtes Brötchen
- 1 Zwiebel
- 2 Knoblauchzehen
- 2 Eier
- 1/4 l Sahne
- 2 EL Kräuterschmand
- 1 TL getrockneter Thymian
- 1 TL Kümmel
- Saft einer Zitrone
- Salz, Pfeffer

Das eingeweichte und ausgedrückte Brötchen mit der gewürfelten Zwiebel, dem zerdrückten Knoblauch, den Eiern mischen und mit Salz, Pfeffer und Thymian würzen. Den Wirsing in Blätter zerlegen, 3 Minuten blanchieren und gut abtropfen lassen. Den Boden einer gefetteten Form mit der Hälfte der Räucherbauchscheiben auslegen, darauf die mit Kümmel bestreuten Wirsingblätter und das Hackfleisch schichtweise einfüllen. Zum Schluß den restlichen Räucherbauch auf die Schichten legen und mit dem Zitronensaft beträufeln. Mit Folie abdecken und in den Ofen geben (45 Minuten auf 150°C). Jetzt die Folie abnehmen und die mit dem Schmand vermischte Sahne über den Auflauf gießen, wieder mit Folie verschließen und für weitere 45 Minuten bei 200°C in den Ofen geben. Nach 30 Minuten die Folie abnehmen.

((Backofen)) 150°C, später auf 200°C erhöhen

((Uhr)): 90 Minuten

9. *Käse-Schinken-Kartoffeln*

- **1 kg Kartoffeln**
- **400 g gekochter Schinken**
- **1/8 l Schlagsahne**
- **100 g geriebener Käse**
- **200 g Mehl**
- **3 Eigelb**
- **1/2 TL Majoran**
- **Salz, Pfeffer, Muskat**

Kartoffeln schälen, würfeln und in Salzwasser 20 Minuten garen. Mit einem Stampfer die Kartoffeln zerdrücken und mit Mehl, Eigelb, Salz, Pfeffer, Majoran und Muskat zu einer schönen Masse vermischen. Aus dem Teig kleine Klöße formen und diese ca. 10 Minuten in Salzwasser gar ziehen lassen. Gut abgetropft in eine gefettete Form legen. Den in Streifen geschnittenen Schinken auf die Kartoffelklöße verteilen. Den geriebenen Käse unter die steif geschlagene Sahne mischen und über die Klöße streichen.

((Backofen)) 220°C
((Uhr)): 20 Minuten

10. *Hackfleisch und Bohnen in Polenta*

- **300 g Maisgrieß (Polenta)**
- **500 g Bohnen aus der Dose**
- **500 g Hackfleisch, halb und halb**
- **1 Eigelb**
- **1 Zwiebel**
- **1 Knoblauchzehe**
- **200 g geschälte Tomaten aus der Dose**
- **100 g geriebener Käse**
- **1 Packung Schafskäse**
- **1 Packung Mozzarella**
- **Olivenöl**
- **Salz, Pfeffer**
- **italienische Kräutermischung**

Ein Backblech mit etwas Maisgrieß bestreuen. Polenta in einem Liter kochendem Salzwasser aufkochen und ausquellen lassen.

Die Masse über das Backblech gießen, mit einem Schaber schön glatt streichen und erstarren lassen. Das Hackfleisch mit dem Eigelb, der gehackten Zwiebel und dem ausgedrückten Knoblauch mischen und nach Geschmack würzen. Im heißen Öl anbraten und dabei fein zerteilen. Die zerschnittenen Tomaten dazugeben und mit Kräutern würzen. In eine gefettete Gratinform das Hackfleisch mit den Bohnen schichten, den zerkrümelten Schafskäse darüber zerteilen. Die Polenta auf dem Blech zerschneiden und über das Gratin legen. Zum Schluß Mozzarellascheiben und den geriebenen Käse darauf verteilen.

((Backofen)) 225°C
((Uhr)): 30 Minuten

11. *Türkischer Kohl-Auflauf*

- **800 g Lammfleisch**
- **1 kg Weißkohl**
- **500 g geschälte Tomaten aus der Dose**
- **3 Zwiebeln**
- **2 Knoblauchzehen**
- **1/2 l Fleischbrühe (Instantpulver)**
- **etwas Chilipulver**
- **1/2 TL edelsüßer Paprika**
- **1/2 TL Koriander**
- **Salz und Pfeffer**

Lammfleisch in kleine Würfel schneiden, mit Koriander, Chili, Paprika, Salz und Pfeffer würzen und ziehen lassen.

Die äußeren Blätter entfernen und den Kohl achteln. Zwiebeln, Knoblauch und Tomaten hacken. Die eingefettete Form mit dem Fleisch auslegen, die Kohlscheiben daraufsetzen, salzen und pfeffern. Mit der Tomaten-Zwiebel-Knoblauchmasse abdecken und die Brühe darübergießen. Mit einer Folie gut verschließen.

((Backofen)) 200 - 220°C

((Uhr)): ca. 2 Stunden

12. *Würstchen-Auflauf*

- **375 g Nudeln (Makkaroni)**
- **50 g Speck**
- **4 Würstchen**
- **125 g Schnittkäse in Scheiben**
- **1 Zwiebel**
- **1 Knoblauchzehe**
- **50 g Tomatenmark**
- **40 g Mehl**
- **1/4 l Fleischbrühe (Instantpulver)**
- **100 ml Sahne**
- **Paprika, Rosmarin, Salz, Pfeffer**

Die gekochten Makkaroni gut abtropfen lassen, Speckwürfel anbraten und Zwiebelwürfel und zerdrückten Knoblauch darin hellgelb rösten.

Tomatenmark, Kräuter und Mehl zugeben und brutzeln lassen. Die Fleischbrühe zugeben und alles zusammen aufkochen. Die Sahne zugießen und mit Salz und Pfeffer würzen. Die gefettete Form mit den Makkaroni auffüllen und die Tomatensauce darübergießen.

Die in Scheiben geschnittenen Würstchen über die Sauce geben und mit den Käsescheiben belegen.

((Backofen)) 200°C

((Uhr)): 25 Minuten

13. *Pilz-Hackfleisch-Auflauf*

- **500 g Pilze, gemischt**
- **1 gelbe Paprika**
- **1 rote Paprika**
- **1 große Zwiebel**
- **500 g Hackfleisch**
- **250 g Raclettekäse**
- **1 Becher Schmand**
- **5 EL Semmelbrösel**
- **Öl**
- **100 ml Weißwein**
- **1 TL Petersilie**
- **Salz, Pfeffer**

Pilze waschen und in Scheiben, Paprikaschoten in schmale Streifen und Zwiebel in Ringe schneiden. Das Gemüse in Öl in der Pfanne andünsten, würzen, mit Weißwein ablöschen und 5 Minuten schmoren lassen. Das Hackfleisch mit Semmelbröseln und Schmand vermischen, salzen und pfeffern. Die Gemüsemischung in eine gefettete Form geben und darauf das Hackfleisch verteilen.
Den Raclettekäse entrinden, in kleinen Stücken auf dem Auflauf verteilen und mit Petersilie bestreuen.

((Backofen)) 225°C
((Uhr)): 20 Minuten

14. *Überbackene Möhren mit Kochschinken*

- **500 g Möhren**
- **150 g Kochschinken**
- **50 g Butter**
- **2 Eier**
- **1/8 l Sahne**
- **100 g Parmesan**
- **Salz, Pfeffer**
- **1 Bund Petersilie**

Geschälte, aber ungeschnittene Möhren in kochendem Salzwasser bißfest garen, abgießen und hobeln. Den Kochschinken in kleine Streifen schneiden. Die Möhren in zerlassener Butter schwenken, den Kochschinken zugeben, würzen und zusammen in eine gefettete Form füllen. Sahne, Eier, geriebenen Parmesan und gehackte Petersilie mischen und über den Auflauf gießen.

((Backofen)) 200°C

((Uhr)): 20 Minuten

15. *Kohlrabi-Pfanne mit Corned Beef*

- **4 - 6 Kohlrabiknollen**
- **125 g Speck**
- **2 kleine Zwiebeln**
- **200 g Corned Beef**
- **125 ml Tomatenketchup**
- **1 EL Semmelbrösel**
- **75 g geriebenen Käse**
- **etwas Butter**
- **Salz, Pfeffer**

Kohlrabi schälen, in dünne Scheiben schneiden und in Salzwasser bißfest garen. In der Pfanne Speck- und Zwiebelwürfel ausbraten und das ebenfalls gewürfelte Corned Beef und den Tomatenketchup zugeben. Kohlrabischeiben in der gefetteten Form auslegen und würzen, darauf die Pfannenmischung geben und nochmals würzen.

Geriebenen Käse und Semmelbrösel verteilen und Butterflöckchen obenaufsetzen.

((Backofen)) 180°C

((Uhr)): 15 Minuten

16. *Reis-Auflauf mit Hühnerleber*

- **250 g Schnellkochreis**
- **1/2 l Hühnerbrühe (Instantpulver)**
- **500 g Hühnerleber**
- **2 Zwiebeln**
- **3 große Champignons**
- **4 EL Butter**
- **100 g geriebener Käse**
- **1 TL Thymian**
- **Salz, Pfeffer**

Reis in der aufgekochten Hühnerbrühe 5 Minuten garen, abgießen und beiseite stellen. Hühnerleber waschen, grob zerkleinern und mit den gehackten Zwiebeln und Pilzen in der Butter 5 Minuten dünsten.

Reis und Leber-Zwiebel-Pilz-Masse mischen und mit Salz, Pfeffer und Thymian kräftig würzen. In die gefettete Form eine Schicht der Mischung geben und mit geriebenem Käse bestreuen. Das mehrmals wiederholen und mit Käse abschließen.

((Backofen)) 200°C
((Uhr)): 15 Minuten

17. *Reste-Auflauf vom Huhn*

- **Reste von einem gebratenen oder gekochten Huhn**
- **20 g Butter**
- **1 Zwiebel**
- **1/4 l Hühnerbrühe (Instantpulver) oder restliche Bratensauce**
- **etwas Mehl**
- **3 Eier, getrennt**
- **1 TL gehackte Petersilie**
- **1 TL Zitronensaft**
- **Salz, Pfeffer, Muskat**

Hühnerfleisch vom Knochen lösen und zerkleinern. Zwiebel würfeln und in Butter anbraten, mit Mehl bestäuben und Brühe oder Sauce einrühren. Kurz aufkochen lassen und vom Herd nehmen. Mit Petersilie, Zitronensaft, Salz, Pfeffer und Muskat abschmecken.

Das Fleisch und die Eigelbe untermischen.

Die Eiweiße steif schlagen und vorsichtig unterheben. In einer gefetteten Form goldgelb backen.

((Backofen)) 180°C

((Uhr)): 30 Minuten

18. *Nudel-Huhn-Gratin*

- **500 g Bandnudeln**
- **400 g Hühnerbrustfilets**
- **1 Zwiebel**
- **250 g Tiefkühl-Spargel**
- **3 Eier**
- **1/4 l Milch**
- **2 EL Butter**
- **Salz, Pfeffer, Italienische Kräutermischung**
- **100 g geriebener Käse**

Die Nudeln in Salzwasser bißfest kochen und gut abtropfen lassen. Die Hühnerbrustfilets in kleine Stücke schneiden, mit der gehackten Zwiebel in etwas Butter kurz anbraten und mit Salz, Pfeffer und Kräutermischung würzen. Den aufgetauten Spargel kleinschneiden und mit den Nudeln und dem Hühnerfleisch mischen, nochmals würzen und in eine gefettete Auflaufform geben.
Eier mit Milch und Käse gut verrühren und auf den Auflauf geben.

((Backofen)) 200°C
((Uhr)): 20 Minuten

19. *Puten-Auflauf*

- **1 kg Putenfilet**
- **1 Dose Champignons**
- **1 Dose Mandarinen**
- **20 g Butter**
- **1 Päckchen Zwiebelsuppe**
- **1 Päckchen helle Sauce**
- **1 Becher Kräuterschmand**
- **2 Becher Sahne**
- **Currypulver**

Putenfleisch in kleine Stücke schneiden, mit Curry würzen und in Butter anbraten.

In eine gefettete Form schichtweise die gut abgetropften Pilze, Mandarinen und das Putenfleisch geben. Das Suppenpulver darüberstreuen.

Die helle Sauce mit wenig Flüssigkeit nach Vorschrift zubereiten, den Kräuterschmand und die Sahne vorsichtig unterrühren und über den Auflauf gießen.

((Backofen)) 200°C

((Uhr)): mindestens 1 Stunde

20. *Spinat-Geflügel-Auflauf*

- **2 Packungen (ca. 800 g) tiefgekühlter Blattspinat**
- **4 Hühnerbrustfilets**
- **1 Becher Schmand**
- **80 g geriebener Käse**
- **1 Zwiebel**
- **2 Knoblauchzehen**
- **2 EL Butter**
- **Salz, Pfeffer, Muskat**

Spinat auftauen und gut (!) abtropfen lassen. Zwiebel und Knoblauch in kleine Würfel zerschneiden und in Butter goldgelb anbraten. Den Spinat dazugeben, mit Salz, Pfeffer und Muskat würzen und kurz dünsten lassen. Die Filets der Länge nach halbieren und von beiden Seiten salzen und pfeffern. In einer länglichen, gefetteten Form den ausgedrückten Spinat und die halbierten Filets leicht überlappend anordnen und den mit Schmand verrührten Käse darüber verteilen.

((Backofen)) 200°C
((Uhr)): 20 Minuten

21. *Überbackene Karotten mit geräucherter Gänsebrust*

- **1 kg Karotten**
- **300 g geräucherte Gänsebrust in Scheiben**
- **2 Bund Schnittlauch**
- **250 g Gorgonzola mit Mascarpone**
- **Salz, Pfeffer**

Karotten schälen, längs vierteln, in Salzwasser bedeckt 15 Minuten bißfest kochen und gut abtropfen lassen. Schnittlauch waschen und zerkleinern. Gänsebrust in schmale Streifen schneiden. In eine gefettete Form die Karottenviertel legen und Schnittlauch und Gänsebruststreifen dazwischen verteilen und würzen. Den Gorgonzola als Flöckchen auf das Gratin legen.

((Backofen)) 200°C

((Uhr)): 25 Minuten

22. *Lachs-Nudel-Spinat-Auflauf*

- **1 Packung Tiefkühl-Lachs**
- **1 Packung Tiefkühl-Spinat**
- **300 g Nudeln**
- **1 Becher Sahne**
- **1 Tüte Champignon-cremesuppe**
- **200 g geriebener Käse**
- **Salz, Pfeffer, Muskat**

Lachs und Spinat auftauen. Nudeln in Salzwasser bißfest kochen. In eine gefettete Form schichtweise Nudeln, Spinat und den in kleine Stücke gebrochenen Lachs geben. Jede Schicht etwas salzen und pfeffern. Den Spinat zusätzlich mit Muskat würzen. Sahne mit der Tütensuppe mischen, die Hälfte der für die Suppe angegebenen Menge Wasser zufügen und über den Auflauf verteilen. Zum Schluß den Käse darüberstreuen.

((Backofen)) 170°C
((Uhr)): 30-40 Minuten

23. *Fisch-Gratin*

- **4 Scheiben Kabeljaufilet (oder andere Filetstücke, auch TK-Fisch)**
- **6-8 Scheiben Toastbrot**
- **1-2 Zucchini**
- **1/8 l Milch**
- **2 Eier**
- **Olivenöl**
- **3 EL Kapern**
- **Zitronensaft**
- **2 EL gehackte Petersilie**
- **3 Knoblauchzehen**
- **Salz, Pfeffer**

Fisch gegebenenfalls auftauen, waschen, mit Zitronensaft beträufeln, salzen und pfeffern. Zucchini waschen, in Scheiben schneiden, würzen und kurz in Öl andünsten. Milch, Eier und gehackte Petersilie vermischen. Knoblauch pressen und dazugeben. Mit Salz und Pfeffer würzen. Eine mit Olivenöl ausgepinselte Form mit den Zucchinischeiben auslegen, dann die Filets darauf verteilen und mit Kapern bestreuen. Die Toastscheiben fächerförmig darüberlegen und mit der Milch-Eier-Petersilien-Mischung übergießen.

((Backofen)) 190°C

((Uhr)): 15 Minuten

24. *Herings-Auflauf*

- **500 g festkochende Kartoffeln**
- **3 gewässerte Salzheringe**
- **2 Zwiebeln**
- **2 kleine Äpfel**
- **1 Becher Sahne**
- **2 Eier**
- **2 EL gehackte Petersilie**
- **Butter**
- **Pfeffer**

Kartoffeln mit Schale in Salzwasser ca. 20 Minuten kochen lassen, dann pellen und in Scheiben schneiden. Die Hälfte in eine gefettete Form geben. Salzheringe in sehr kleine Stücke schneiden und darüber verteilen. Äpfel schälen und in sehr kleine Stücke schneiden. Diese mit Zwiebelwürfeln und gehackter Petersilie über die Heringe geben. Etwas pfeffern und mit den restlichen Kartoffelscheiben bedecken. Sahne mit Eiern verquirlen und über den Auflauf gießen.

Zum Schluß mit kleinen Butterflöckchen belegen.

((Backofen)) 190°C

((Uhr)): 45 Minuten

25. *Fisch-Reis-Gratin*

- **6 - 8 Fischfilets (Tiefkühl)**
- **250 g Schnellkochreis**
- **2 EL Butter**
- **1 EL Kapern**
- **1 Ecke Schmelzkäse**
- **1/4 l Sahne**
- **3 Eigelb**
- **1 TL gehackter Dill**
- **1 TL gehackter Estragon**
- **Salz, Pfeffer**

Den Reis nach Anleitung kochen. Schmelzkäse mit 1 EL Butter, Sahne, Kapern, Estragon, Salz und Pfeffer unter geringer Hitze schmelzen lassen. 3 Eigelb verquirlen, vorsichtig unter die Masse geben und nicht mehr aufkochen lassen. In eine gefettete Form den abgetropften Reis geben, darauf die Fischfilets legen und mit der Flüssigkeit übergießen.

Zum Schluß den Dill darüberstreuen.

((Backofen)) 225°C

((Uhr)): 10 Minuten

26. Überbackene Krabben mit Spinat-Kartoffeln

- 1 Packung TK-Blattspinat (400 g)
- 500 g festkochende Kartoffeln
- 500 g TK-Krabben oder Garnelen
- 150 g Kräuter-Schmand
- 1 Zwiebel
- 100 g Butter
- 100 g Mehl
- 1/4 L Weißwein
- Salz, Pfeffer und Muskat

Den aufgetauten Spinat gut ausdrücken und grob zerkleinern. Die Zwiebel würfeln und in 30 g Butter glasig dünsten. Den Spinat zugeben, salzen, pfeffern, mit Muskat würzen und 4 Minuten dünsten. Kartoffeln schälen, in dünne Scheiben schneiden und ca. 5 Minuten in Salzwasser garen. Die Krabben waschen und trockentupfen.

Die restliche Butter in einem Topf schmelzen lassen, Mehl darin anschwitzen und mit dem Weißwein ablöschen. Kräuterschmand, Salz und Pfeffer zugeben und ein wenig köcheln lassen. In eine gefettete Form Kartoffeln, Spinat und Krabben schichten und mit der Flüssigkeit übergießen.

((Backofen)) 170°C
((Uhr)): 15 Minuten

27. *Nudel-Thunfisch-Auflauf*

- **500 g Röhrennudeln**
- **2 Dosen Thunfisch**
- **1 Dose geschälte Tomaten (400 g)**
- **100 g entsteinte schwarze Oliven**
- **1 Zwiebel**
- **1 EL Kapern**
- **1 TL Thymian**
- **2 Päckchen Mozzarella**
- **Salz, Pfeffer**

Die Nudeln in Salzwasser bißfest kochen und abtropfen lassen. Zwiebel kleinhacken und den Thunfisch mit einer Gabel zerkleinern. Die kleingeschnittenen Tomaten und 100 ml Saft aus der Dose mit den Zwiebelwürfeln, den Kapern und dem Thunfisch vermischen. Die ganzen Oliven unterrühren und mit Salz und Pfeffer würzen. Die Nudeln in eine gefettete Form geben und mit der Tomatenmischung übergießen. Den Mozzarella in Scheiben schneiden und auf dem Auflauf verteilen. Mit Thymian bestreuen.

((Backofen)) 220°C
((Uhr)): 15 Minuten

28. *Kohlrabi-Krabben-Auflauf*

- **1 kg Kohlrabi (ohne Grün gewogen)**
- **1 schwach gehäufter EL Mehl**
- **1 EL weiche Butter**
- **1 EL Crème fraîche**
- **Salz, Pfeffer**
- **200 g Krabben**
- **Butter**
- **3 - 4 Eier**
- **Muskat**

Den Kohlrabi schälen (die Herzblätter aufheben), waschen, in ca. 1/2 cm breite Stifte schneiden und in 1/4 l kochendes Salzwasser geben. 10 - 15 Min. kochen lassen (das Gemüse darf nicht zu weich werden). Den Kohlrabi abtropfen lassen und die Flüssigkeit auffangen. Das Mehl und die Butter mit einer Gabel verkneten, die Gemüseflüssigkeit zum Kochen bringen, das Mehl-Buttergemisch unter ständigem Rühren hinzufügen und mit einem Schneebesen durchschlagen, damit keine Klumpen entstehen. Nochmals zum Kochen bringen und ca. 5 Min. kochen lassen. Dann die Crème fraîche unterrühren, ebenso die gewaschenen, gehackten Herzblätter und die Kohlrabistifte. Mit Salz und Pfeffer würzen. Die gewaschenen und abgetropften Krabben abwechselnd mit dem Kohlrabi in eine gefettete Auflaufform schichten. Die Eier mit geriebener Muskatnuß verschlagen, mit Salz und Pfeffer würzen und über den Auflauf geben. Die Auflaufform mit einem Deckel oder Alufolie verschließen.

((Backofen)) 225°C

((Uhr)): ca. 30 Minuten

29. *Überbackener Seelachs mit Tomaten*

- **600 g Seelachsfilet**
- **4 große Fleischtomaten**
- **2 Zwiebeln**
- **2 Becher saure Sahne**
- **400 g geriebener Käse**
- **Salz, Pfeffer**

Fisch waschen, trockentupfen und würzen. Die gewaschenen Tomaten in dünne Scheiben schneiden und salzen und pfeffern. Zwiebeln ebenfalls in dünne Ringe schneiden. In eine gefettete Form schichtweise Fisch, Zwiebeln, Tomaten, saure Sahne und geriebenen Käse geben. Zuletzt mit Käse bestreuen.

((Backofen)) 200°C
((Uhr)): ca. 30 Minuten

30. *Überbackene Spinat-Filets*

- **4 Forellenfilets**
- **1 große Packung Tiefkühl-Blattspinat**
- **200 g Möhren**
- **2 Schalotten**
- **40 g Butter**
- **2 EL Mehl**
- **200 ml Instant-Gemüsebrühe**
- **100 g Schmand**
- **100 ml Sahne**
- **1/2 Zitrone**
- **Salz, Pfeffer, Muskat**

Fischfilets waschen, der Länge nach halbieren und mit Zitronensaft beträufeln.

Spinat auftauen, kurz erwärmen und würzen, gut abtropfen lassen und in 8 Portionen einteilen. Jede Portion zu einer Kugel formen, mit den Filets umgeben und in eine gefettete Form geben. Möhren und Schalotten putzen und kleinschneiden. In Butter andünsten, mit Mehl bestäuben und anschwitzen lassen. Brühe, Schmand und Sahne zugeben und würzen. Die Sauce über die Spinat-Filets geben und überbacken.

((Backofen)) 180°C

((Uhr)): 25 Minuten

31. Tomaten-Auflauf mit Austernpilzen

- 8 große Fleischtomaten
- 250 g Austernpilze
- 1 große Zwiebel
- 1 Knoblauchzehen
- 3 geröstete Toastscheiben, zerbröselt
- 200 g geriebener Käse
- 100 ml Sahne
- Salz, Pfeffer, Muskat
- etwas Butter

Zwiebel würfeln, in der Butter glasig dünsten und vom Herd nehmen. Den zerbröselten Toast und den geriebenen Käse mit den Zwiebelwürfeln mischen und mit Salz, Pfeffer und etwas Muskat würzen. Die Tomaten überbrühen, kalt abschrecken und häuten. Stielansätze entfernen und in dünne Scheiben und die Pilze in breite Streifen schneiden. Die gefettete Form mit einer Knoblauchzehe einreiben und die Tomaten und Pilze anordnen. Mit der Käse-Zwiebel-Brösel-Mischung abdecken und mit der Sahne übergießen.

((Backofen)) 200°C
((Uhr)): 35 Minuten

32. *Gurken-Auflauf*

- 1 kg Schmorgurken
- 1 kleine Dose geschälte Tomaten
- 2 Zwiebeln
- 4 EL Olivenöl
- 4 hartgekochte Eier
- 50 g Butter
- 100 g geriebener Käse
- 100 g Semmelbrösel
- 1 Bund Petersilie
- Salz, Pfeffer

Gewürfelte Zwiebeln im heißen Öl anbräunen. Gurken schälen, halbieren und mit einem Löffel die Kerne entfernen. Dann die Gurkenscheiben mit anbraten und würzen. Gurkenstücke in eine gefettete Form geben, dann Tomaten- und zuletzt Eischeiben darauf schichten und nochmals würzen. Petersilie hacken und darüberstreuen. Den geriebenen Käse mit den Semmelbröseln mischen und über den Auflauf verteilen.

Zum Schluß mit Butterflöckchen belegen.

((Backofen)) 225°C

((Uhr)): 30 Minuten

33. *Kartoffel-Gratin*

- 1 kg festkochende Kartoffeln
- 200 ml Sahne
- 2 Knoblauchzehen
- 150 g geriebener Käse
- etwas Butter
- Salz, Pfeffer, Muskat

Rohe Kartoffeln schälen und in sehr dünne, gleichmäßige Scheiben schneiden.

In einer gefetteten Form den zerdrückten Knoblauch verteilen. Die Kartoffeln ziegelförmig in die Form schichten, salzen, pfeffern und mit etwas Muskat bestreuen. Die Sahne mit dem geriebenen Käse mischen und über den Auflauf geben.

Bis 20 Minuten vor Ablauf der Backzeit mit Alufolie abdecken.

((Backofen)) 200°C

((Uhr)): 45-60 Minuten

34. *Weißbrot-Schmelzkäse-Auflauf*

- **8 Scheiben Toast- oder Weißbrot**
- **200 g Schmelzkäse**
- **1/2 l Milch**
- **2 Eier**
- **Butterflöckchen**
- **1 TL gehackte Petersilie**
- **Salz, Pfeffer, Muskat**

Den Boden einer gefetteten Form mit den Brotscheiben auslegen. Den Schmelzkäse sehr klein würfeln und darüber verteilen. Milch mit den Gewürzen, der Petersilie und den Eigelben verquirlen und die Hälfte der Flüssigkeit über die Brotscheiben geben.

30 Minuten einziehen lassen, danach die steif geschlagenen Eiweiße unter die restliche Flüssigkeit geben und über den Auflauf gießen. Zuletzt Butterflöckchen darüber verteilen.

Achtung! Der Auflauf steigt beim Backen sehr hoch, fällt aber beim Herausnehmen sofort zusammen. Daher schnell servieren!

((Backofen)) 225°C

((Uhr)): 30 Minuten

35. *Käsespätzle*

- **500 g Spätzle**
- **500 g geriebener Käse**
- **50 g Butter**
- **2 Zwiebeln**

Spätzle nach Anleitung auf der Verpackung kochen. Zwiebeln in sehr feine Ringe schneiden und in etwas Butter glasig dünsten. In eine gefettete Form lagenweise Nudeln, Zwiebeln und Käse schichten. Mit dem Käse abschließen und darauf ein paar Butterflöckchen geben.

((Backofen)) 200°C
((Uhr)): 10 Minuten

36. *Reis-Tomaten*

- 8 große Fleischtomaten
- 3 Zwiebeln
- 200 g Reis
- 1/2 l Joghurt
- 150 g Schafskäse
- 2 EL Olivenöl
- Salz, Pfeffer, Kräuter der Provence

Tomaten waschen und oben einen Deckel abschneiden. Vorsichtig aushöhlen. Das Fruchtfleisch kleinschneiden. Zwiebeln würfeln und im Öl dünsten. Reis zugeben und durchrösten. Pfanne vom Herd nehmen, den Tomatenbrei und 1-2 Tassen heißes Wasser zugeben, würzen und bei mäßiger Hitze quellen lassen. Zum Schluß den fein zerbröselten Schafskäse zugeben. Die Masse in die Tomaten geben, Deckel wieder aufsetzen, in eine gefettete Form setzen und 10 Minuten im Backofen dünsten. Danach den Joghurt über die Tomaten gießen und fertig garen.

((Backofen)) 200°C
((Uhr)): 20 Minuten

37. *Nudel-Spinat-Auflauf*

- **250 g Nudeln**
- **300 g Tiefkühl-Blattspinat**
- **100 g Schafskäse**
- **200 g geriebener Käse**
- **1 gehackte Knoblauchzehe**
- **150 ml Sahne**
- **Salz, Pfeffer, Muskat**

Nudeln in Salzwasser bißfest garen. Spinat auftauen, gut abtropfen und in einem Topf kurz erhitzen. Mit Salz, Pfeffer, Muskat und gehackter Knoblauchzehe würzen und den zerbröselten Schafskäse unterrühren. In eine gefettete Form die Nudeln geben, den Spinat darüber verteilen und mit der Sahne übergießen. Zuletzt mit Käse bestreuen.

((Backofen)) 180°C

((Uhr)): ca. 30 Minuten

38. *Karotten-Lauch-Gratin*

- **750 g Karotten**
- **250 g Lauch**
- **1 Bund Petersilie**
- **200 g geriebener Käse**
- **Salz, Pfeffer, Muskat**

Karotten waschen, schälen und in dünne Scheiben schneiden. Lauch sehr gut putzen und ebenfalls in dünne Scheiben schneiden. Karotten und Lauch getrennt je 4 Minuten blanchieren. In eine gefettete Form die Gemüsescheiben in Streifen legen und würzen. Den geriebenen Käse darüber verteilen. Zum Schluß das Gratin mit der gehackten Petersilie bestreuen.

((Backofen)) 200°C
((Uhr)): 35 Minuten

39. *Kartoffel-Auflauf mit Dosengemüse*

- 500 g Kartoffeln
- 1 kleine Dose Erbsen mit Möhren
- 1 kleine Dose Pilze
- 400 g Schnittkäse
- 100 g geriebener Käse
- 1/4 l Sahne
- 2 Eier
- 5 EL Milch
- 1 Zwiebel
- 1 Bund gehackte Petersilie
- Salz, Pfeffer, Curry

Rohe Kartoffeln schälen, in Scheiben schneiden und in Salzwasser 10 Minuten garen. Die Zwiebel und den Schnittkäse würfeln, das Dosengemüse gut abtropfen und gegebenenfalls etwas kleinschneiden. Die Hälfte der Kartoffelscheiben in eine gefettete Form legen und würzen. Das Dosengemüse, die Zwiebel und den Käse darüber verteilen und mit den restlichen Kartoffeln abdecken und wieder würzen. Sahne, Milch, Eier, Petersilie und Gewürze verquirlen und darübergießen. Nach 45 Minuten Backzeit den Auflauf mit dem geriebenen Käse bestreuen.

((Backofen)) 225°C
((Uhr)): ca. 60 Minuten

40. *Gratinierter Spargel*

- 16 Stangen Spargel
- 100 g Gorgonzola mit Mascarpone
- 30 g Butter
- 20 g Mehl
- 100 ml Sahne
- 2 Eier
- 10 Salbeiblätter
- Salz, Pfeffer

Die Spargelenden abschneiden und die Stangen schälen. In ungesalzenem Wasser mit 10 g Butter ca. 12 Minuten bißfest kochen. Danach gut abtropfen lassen. Restliche Butter zerlassen, Mehl unter Rühren zugeben, die Sahne zugießen und kurz aufkochen lassen. Mit Salz und Pfeffer würzen. Den zerbröselten Gorgonzola, den gehackten Salbei und die Eigelbe unterrühren, danach die steif geschlagenen Eiweiße unter die Masse heben. Die Spargelstangen in eine gefettete, längliche Form legen und die Käsemasse darauf verteilen.

((Backofen)) 220°C
((Uhr)): 10 Minuten

41. *Gemüse-Auflauf*

- **4 große, festkochende Kartoffeln**
- **1 Zucchini**
- **4 Möhren**
- **1 große Zwiebel**
- **250 g Champignons**
- **1 Dose geschälte Tomaten**
- **1 EL Instant-Gemüsebrühe**
- **200 g geriebener Käse**
- **150 ml Sahne**
- **20 g Butter**
- **1 Bund Petersilie**
- **Salz, Pfeffer, Muskat**

Kartoffeln und Möhren schälen und in dünne Scheiben schneiden. Die Gemüsescheiben in kochendem Wasser mit der Gemüsebrühe bißfest garen und gut abtropfen lassen. Die Tomaten aus der Dose abtropfen und kleinschneiden. Die in Scheiben geschnittenen Zucchini und Pilze mit der gewürfelten Zwiebel und den Tomaten in der Butter anbraten. Den Sud abgießen. Eine gefettete Form mit den Kartoffel- und Möhrenscheiben auslegen und würzen. Darauf die Pilz-Zucchini-Zwiebel-Tomaten-Mischung geben. Die Sahne mit der gehackten Petersilie und den Gewürzen mischen und darübergießen. Zuletzt den Käse darauf verteilen.

((Backofen)) 200°C
((Uhr)): ca. 30 Minuten

42. *Gnocchi-Erbsen-Gratin*

- **2 Päckchen Gnocchi**
- **4 Zwiebeln**
- **1 große Dose Erbsen**
- **100 ml Sahne**
- **100 ml Milch**
- **100 g Gorgonzola**
- **100 g geriebener Käse**
- **Salz, Pfeffer**

Gnocchi nach Kochanweisung zubereiten und in eine gefettete Form geben.

Zwiebeln schälen und würfeln. Erbsen gut abtropfen lassen, mit den Zwiebeln unter die Gnocchi mischen und etwas salzen. Sahne kurz erhitzen, Milch und zerbröckelten Gorgonzola zugeben und kurz aufkochen lassen. Die Käsemischung gut pfeffern und über die Gnocchi gießen. Zuletzt mit dem geriebenen Käse bestreuen.

((Backofen)) 225°C

((Uhr)): 15 Minuten

43. *Auberginen-Auflauf*

- **4 Auberginen**
- **4 Zwiebeln**
- **1 große Dose geschälte Tomaten**
- **2 Knoblauchzehen**
- **2 EL Semmelbrösel**
- **1/4 l Olivenöl**
- **1 Bund Petersilie**
- **Salz, Pfeffer**

Auberginen in Scheiben schneiden, salzen und mindestens eine Stunde ruhen lassen. Die Auberginenscheiben trockentupfen, im Olivenöl hellbraun anbraten, abtropfen lassen und beiseite stellen. Im selben Öl die Zwiebelscheiben und die gehackten Knoblauchzehen andünsten. Das Bratöl beiseite stellen. Ein Teil der Zwiebeln in einer gefetteten Form verteilen und darauf die Auberginenscheiben anordnen. Mit den restlichen Zwiebelringen abdecken. Die gut abgetropften Tomaten zerteilen und auf die Zwiebeln geben. Gut würzen und mit den Semmelbröseln und der gehackten Petersilie bestreuen. Das Bratöl zuletzt über den Auflauf gießen.

((Backofen)) 200°C

((Uhr)): 50-60 Minuten

44. *Tortellini-Gratin*

- **500 g Tortellini**
- **400 g Pilze**
- **200 g Schmelzkäse**
- **100 g Butter**
- **20 g Mehl**
- **1/4 l Sahne**
- **1/8 l Instant-Brühe**
- **1 große Dose geschälte Tomaten**
- **100 g geriebener Käse**
- **1 Knoblauchzehe**
- **1 Pckg. Tiefkühlkräuter**
- **Salz, Pfeffer**

Tortellini nach Anweisung kochen. Die Pilze waschen, in Scheiben schneiden, in 50 g Butter dünsten und mit Salz und Pfeffer würzen. Tomaten gut abtropfen lassen und kleinschneiden. Die restliche Butter in einem Topf erhitzen, Mehl darin anschwitzen, mit Brühe ablöschen, Sahne und Kräuter zugeben und 5 Minuten köcheln lassen. Dann den Käse im Topf schmelzen lassen und wieder würzen. Die gefettete Form mit Knoblauch einreiben und Tortellini, Pilze und Tomaten schichtweise anordnen. Die Käsesauce darübergeben und mit Reibekäse bestreuen.

((Backofen)) 200°C
((Uhr)): 30 Minuten

45. *Kartoffel-Tomaten-Auflauf*

- **1 kg Kartoffeln**
- **500 g Tomaten**
- **5 hartgekochte Eier**
- **1/4 l saure Sahne**
- **1 EL Butter**
- **2 EL Semmelbrösel**
- **Kräuter der Provence (TK)**
- **Salz, Pfeffer**

Kartoffeln gar kochen, noch warm pellen und in dünne Scheiben schneiden. Ebenfalls die Tomaten und Eier in Scheiben schneiden. Dann in eine gefettete, mit Semmelbröseln bestreute Form abwechselnd Kartoffel-, Tomaten- und Eierscheiben schichten und würzen. Saure Sahne mit den Kräutern verquirlen, etwas würzen und darübergießen. Zuletzt Butterflöckchen aufsetzen.

((Backofen)) 180°C
((Uhr)): 30 Minuten

46. *Aprikosen-Auflauf*

- 1 Dose Aprikosen (500 g)
- 3 Eier
- 60 g Mehl
- 20 g Butter
- 100 g Zucker
- 1 Pckg. Vanillezucker
- 1/4 l Milch
- 10 g Puderzucker

Mehl, Eier, Zucker und Vanillezucker mit einem Schneebesen gut verrühren. Milch nach und nach zugeben, bis ein glatter Teig entsteht. In eine gefettete, flache Form den Teig einfüllen, die Aprikosenhälften darauf verteilen und die Form in den Backofen geben. Wenn der Teig zu braun wird, kann man ihn mit Alufolie abdecken.
Nach dem Backen den Auflauf noch warm mit Puderzucker bestreuen.

((Backofen)) 180-200°C
((Uhr)): 30 Minuten

47. *Apfel-Auflauf mit Nüssen*

- **500 g Äpfel**
- **150 g geriebene Haselnüsse**
- **5 Eier**
- **100 g Zucker**
- **1/2 l Milch**
- **375 g Mehl**
- **75 g Rum-Rosinen**
- **1 Pckg. Vanillezucker**
- **etwas Butter**

Äpfel waschen, schälen und vorsichtig aushöhlen. Nüsse mit einem Eigelb und 30 g Zucker vermischen. Die Masse in die ausgehöhlten Äpfel füllen und diese in eine gefettete Form setzen. Die restlichen Eigelbe mit Milch, Mehl und dem restlichen Zucker vermengen. Die Eiweiße steifschlagen und zusammen mit den Rum-Rosinen vorsichtig unterheben. Das Ganze über die Äpfel gießen. Nach dem Backen warm mit Vanillezucker bestreut servieren.

((Backofen)) 200°C
((Uhr)): 60 Minuten

48. *Kirschmichel*

- **500 g entsteinte Sauerkirschen**
- **6 Eier**
- **4 EL Zucker**
- **2 EL Mehl**
- **50 g Puderzucker**
- **Zitronensaft**

Eigelbe mit Zucker, Mehl und Zitronensaft schaumig rühren. Die Kirschen zugeben. Eiweiße steif schlagen und unterheben.

Den Teig in eine gefettete Form füllen und backen. Warm mit Puderzucker bestreuen.

((Backofen)) 200°C
((Uhr)): 30 Minuten

49. Überbackene Beeren in Weinsauce

- 500 g Beeren der Saison (Erdbeeren, Himbeeren, Johannisbeeren etc.)
- 4 Eigelb
- 125 g Puderzucker
- 1/2 TL Mehl
- 100 ml Weißwein
- Zitronenmelisse- oder Pfefferminzblätter

Beeren gut waschen, abtropfen und in eine ofenfeste Form geben. Eigelbe mit Puderzucker und Mehl schaumig schlagen, den leicht erwärmten Weißwein dazu geben. Die Masse über die Beeren geben und überbacken. Aus dem Ofen nehmen und mit einigen Kräuterblättern garnieren.

((Backofen)) 180°C

((Uhr)): 10 Minuten

50. *Rhabarberstreusel*

- 500 g Rhabarber
- 225 g Zucker
- 5 EL Weißwein
- 100 g Butter
- 175 g Mehl
- Apfelsinenaromat
- Zimt

Rhabarber waschen, putzen, in Stücke schneiden und in eine gefettete Form geben.
125 g Zucker darüberstreuen und Weißwein und Apfelsinenaromat dazugeben. Butter, restlichen Zucker, Mehl und Zimt verkneten, bis Brösel entstanden sind. Über den Auflauf verteilen und backen.

((Backofen)) 200°C
((Uhr)): 35-45 Minuten

51. *Zitronen-Auflauf*

- 100 g Butter
- 150 g Zucker
- 5 Eigelb
- 5 Eiweiß
- 4 EL Semmelbrösel
- Saft von 4 Zitronen
- 20 g Puderzucker

Butter mit Zucker und Eigelb schaumig rühren. Semmelbrösel und Zitronensaft unterziehen. Eiweiß steif schlagen und unter die Zitronenmasse heben. Den Teig in eine gefettete Form einfüllen. Nach dem Backen mit Puderzucker bestreuen.

((Backofen)) 200 °C
((Uhr)): 25 Minuten

52. *Milchreis-Auflauf mit Früchten*

- **125 g Milchreis**
- **Milch**
- **75 g Butter**
- **4 Eigelb**
- **4 Eiweiß**
- **75 g Zucker**
- **500 g Kompottfrüchte**
- **40 g Puderzucker**
- **Semmelbrösel**
- **Salz**

Milchreis kochen, mit einer Prise Salz würzen und auskühlen lassen. Butter mit Eigelb und Zucker schaumig rühren und den Milchreis zugeben. Zwei Eiweiß steif schlagen und unter die Masse heben. Ein Drittel der Masse in eine gefettete und ausgebröselte Form geben mit der Hälfte des Kompotts abdecken, zweites Drittel Reis auflegen, die andere Hälfte Kompott zugeben, mit dem letzten Drittel Reis abdecken und 45 Minuten backen. Die restlichen 2 Eiweiß steif schlagen, dabei den Puderzucker zugeben, über den Auflauf streichen und weiterbacken.

((Backofen)) 190°C
((Uhr)): 60 Minuten

53. *Zwieback-Auflauf*

- **100 g zerbröckelten Zwieback**
- **375 ml Milch**
- **3 Eier**
- **40 g Butter**
- **30 g Zucker**
- **1 Pckg. Vanillezucker**
- **2 EL Weinbrand**
- **100 g gemahlene Haselnüsse**
- **Zitronensaft**
- **Salz**

Den zerbröckelten Zwieback mit 250 ml Milch übergießen. Die restliche Milch mit 2 Eiern, einer Prise Salz und Zitronensaft verquirlen. Butter mit Zucker, Vanillezucker, Weinbrand und dem dritten Ei schaumig schlagen. Haselnüsse untermischen. In die gefettete Form schichtweise Zwieback- und Nußmasse geben. Zuletzt die Eiermischung darübergießen.

((Backofen)) 170°C
((Uhr)): 60 Minuten

54. *Obst-Quark-Auflauf*

- 500 g Sahnequark
- 4 Eier
- 75 g Grieß
- 1 Pckg. Backpulver
- Zitronensaft
- 500 g gemischtes Obst (roh oder eingemacht)
- etwas Zucker, Butter, Semmelbrösel
- 1 Prise Salz

Das Obst gut einzuckern und abtropfen lassen. Die Eigelbe mit dem Zucker schaumig rühren. Grieß, Backpulver, Zitronensaft und Salz zugeben und den Quark darin vermischen. Die steif geschlagenen Eiweiße vorsichtig unterheben. In eine gefettete Form abwechselnd Quarkmasse und Obst einfüllen, zuletzt Quark. Semmelbrösel und Butterflöckchen darübergeben.

((Backofen)) 200°C

((Uhr)): 30-45 Minuten

55. *Süße Nudeln*

- 375 g Bandnudeln
- 125 g Butter
- 150 g Zucker
- 3 Eier
- 1 TL Zitronensaft
- 375 g Sahnequark
- 4 Bananen
- Salz
- Zucker, Zimt zum Bestreuen

Nudeln in Salzwasser bißfest garen und abtropfen lassen. 100 g Butter mit dem Zucker schaumig rühren, Eigelbe und Zitronensaft zugeben, dann den Quark unterrühren. Nudeln und Bananenscheiben unter den Teig mischen und die steif geschlagenen Eiweiße unterheben. In eine gefettete Form füllen, mit Zucker und Zimt bestreuen und Butterflöckchen aufsetzen.

((Backofen)) 190°C
((Uhr)): 45 Minuten